**Rookie STAR™**
Make a Difference

# 10 cosas que puedes hacer para

# ahorrar agua

## Jenny Mason

### Asesor de contenido
Howard Perlman
Servicio Geológico de EE.UU.

### Asesora de lectura
Jeanne M. Clidas, Ph.D.
Especialista en lectura

## Scholastic Inc.

# CONTENIDO

**Sin agua sería imposible vivir.** Necesitamos agua potable para beber, bañarnos y regar las plantas. Para que el agua aparezca en nuestra casa, debe desaparecer de otro lugar. Si la gente no **conserva** el agua potable, no habrá suficiente para todos. Lo bueno es que tú puedes ayudar. Hay muchas maneras de ahorrar y conservar el agua.

# Controla el flujo

Cierra el grifo del agua mientras te cepillas los dientes. Y no abras el grifo a máxima potencia. También puedes hacer que el inodoro gaste menos agua. Coloca una botella llena de agua dentro del tanque del inodoro para elevar el nivel del agua. Así el tanque se rellenará con menos agua.

## Ciclo del agua

condensación

lluvia y nieve

evaporación

correntía

aguas subterráneas

**La cantidad de agua que hay** en la Tierra nunca cambia. Quizás un dinosaurio haya tomado el agua con que te bañaste hoy. El agua de la tierra y el mar se **evapora** y sube por el aire. Luego regresa al suelo en forma de lluvia y nieve. Ese es el ciclo del agua.

Cierra el grifo para ahorrar agua mientras te cepillas los dientes.

# Busca y arregla

Un inodoro con una gotera puede gastar 200 galones (757 litros) de agua en un día. Tus padres pueden arreglarlo. ¡Sólo tienes que detectar la gotera!

Imagínate 200 galones. ¡Eso es mucha agua!

# salideros

Pon unas gotas de colorante de comida en el tanque del inodoro. Si el agua del inodoro cambia de color, hay una gotera. Y hay que arreglarla.

Casi el 90 por ciento del hielo de la Tierra está en la Antártida.

**El agua que llega a tu casa** es agua potable. O sea, se puede beber. (El agua del océano es demasiado salada). Casi el 70 por ciento del agua potable de la Tierra está en forma de hielo y en los **glaciares**.

# 3 Date una ducha,

Si te das un baño gastas tres veces más agua que si te duchas. ¿No es increíble? Ahorra: date una ducha, no un baño.

Deja los baños de burbujas para ocasiones especiales.

# no un baño

Y recuerda, ¡la ducha no debe ser muy larga! Si te das una ducha breve ahorrarás más agua.

**Se necesitan 40 galones** (150 litros) de agua para llenar la bañera. Para una ducha de 5 minutos se necesitan sólo 10 galones (40 litros). ¡Ya sabes cuál es la mejor opción!

# Recicla y reutiliza

En las fábricas se usa mucha agua. En vez de comprar cosas nuevas, vuelve a usar las que tienes. Y recicla el plástico, el papel y las latas. Con botellas plásticas recicladas se pueden hacer mochilas. ¡Y con las latas de aluminio se hacen bicicletas!

Los chicos de este equipo colectan objetos

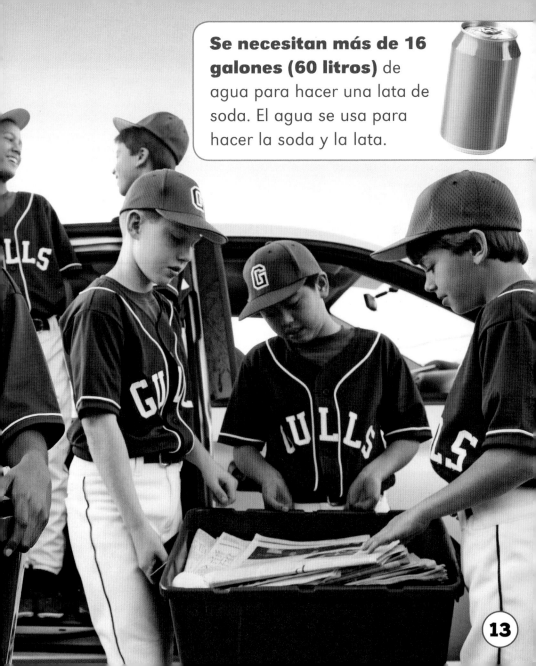

**Se necesitan más de 16 galones (60 litros)** de agua para hacer una lata de soda. El agua se usa para hacer la soda y la lata.

# Limpiadores naturales

Todo lo que se va por el desagüe puede llegar al agua. Los limpiadores químicos **contaminan** los ríos, lagos y mares. Esa agua no es buena para las personas, las plantas ni los animales. Usar limpiadores naturales como el bicarbonato o el vinagre reduce la contaminación.

La contaminación del agua es un peligro para las orcas de los mares cercanos a Seattle, Washington.

**La lluvia arrastra sustancias químicas** a ríos y mares. Esa agua contaminada daña los hábitats de los animales: muchos se enferman y algunos se mueren.

Limpia las ventanas con una mezcla de agua y vinagre.

# Ahorra agua

Para ducharse o fregar los platos es mejor el agua tibia. No desperdicies el agua mientras se calienta. No dejes que se vaya por el desagüe. Pon una

*El agua que se desperdicia se puede usar para regar las plantas.*

# en la ducha

jarra o un cubo para recolectarla. También puedes poner un cubo mientras te bañas. Échale luego esa agua a las plantas.

**Las nubes están formadas de** muchas gotas de agua. Como promedio, una nube blanca pesa más de un millón de libras (500.000 kg). ¡Es como tener 100 elefantes flotando en el aire sobre tu cabeza!

# Un jardín de lluvia

Haz un jardín en un sitio hacia donde corra el agua cuando llueve o cerca de un bajante pluvial. Haz un hoyo poco profundo y siembra hierbas y plantas de raíces profundas. Cuando el agua corra hasta el jardín, se filtrará y entrará en lo profundo de la tierra. De ese modo, la tierra limpia el agua.

¡Un jardín de lluvia será un bello detalle en tu patio!

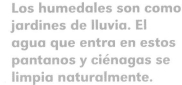

Los humedales son como jardines de lluvia. El agua que entra en estos pantanos y ciénagas se limpia naturalmente.

**Un rosal necesita 15 galones (58 litros) de agua** cada semana. Un abedul puede tomarse dos bañeras al día. El césped de los jardines de EE.UU. consume el equivalente de dos lagos Meads (derecha) cada año.

# La cuenca

**8**

Una cuenca hidrográfica es un área donde se acumula agua. El agua corre de la tierra a masas de agua cercanas. Sin una cuenca hidrográfica,

Explora tu cuenca hidrográfica para ver si está limpia y saludable.

# hidrográfica

la gente de la zona no tendría suficiente agua. Organiza un viaje de tu escuela o club a una cuenca hidrográfica. Eso te inspirará a ahorrar agua.

**Un acuífero es un área** subterránea donde se acumula agua en los espacios entre las rocas, el barro y la arena. El Acuífero de Ogallala abarca ocho estados del centro del país. Pero no tiene agua suficiente para toda la gente de la zona. ¡Y se está secando!

El Acuífero de Ogallala es uno de los más grandes del mundo.

Cada día, dos millones de toneladas de basura llegan a las masas de agua de la Tierra. Esa basura es dañina para los animales y las personas. Organiza un viaje a un río, lago o playa cercana. Ponte guantes y recoge la basura.

**La gran mancha de basura del Pacífico es un área de** basura flotante en el océano dos veces más grande que Texas. Cada año, la basura mata más de un millón de animales marinos. Algunos mueren atrapados en la basura (como esta tortuga) y otros tragan desechos que flotan en el agua.

# arroyos cercanos

¡Estos chicos hallaron una rueda en el agua!

# 10

## Corre la voz

Ya has aprendido muchas cosas sobre el agua. Sabes cómo mantenerla limpia y ahorrarla. Ahora comparte lo que sabes con tu familia y tus amigos. Cuantas más personas cuiden el agua, ¡mejor será para todos!

**Durante toda tu vida, beberás unos 20.000** galones (76.000 litros) de agua. ¡Esa agua bastaría para llenar una piscina de tamaño mediano!

# A limpiar: Proyecto

**Q**uizás te preguntes si los niños pueden ayudar a la Tierra. James Hemphill se crió en Virginia Beach, Virginia. Cuando tenía 11 años, James vio que había mucha basura en los ríos y la playa cercana. Pensó que tenía que hacer algo, aunque solo fuese un niño. Les pidió ayuda a sus amigos de la escuela. En tres años recogieron 6.000 libras (2.722 kg) de basura de un arroyo cercano a su escuela. Pero James no se conformó con eso. Fundó un club llamado Proyecto Green Teens. Los miembros del

club recogieron 5.000 libras (2.268 kg) de basura de las playas del área de la Bahía de Chesapeake. Aún hoy, los miembros del club siguen limpiando y protegiendo las aguas de esa zona.

# Datos de agua

Cuando sepas cuán poca agua hay que se puede beber, ¡verás por qué es tan importante cuidarla!

En la Tierra hay
**326 trillones**
de galones de agua.

El **3%** del agua de la Tierra es agua dulce.

El **97%** del agua de la Tierra es agua salada.

Casi el **70%** del agua dulce de la Tierra está en los casquetes polares y los glaciares.

Sólo el **.007%** del agua dulce es potable, es decir, apta para tomar.

**4.700** millones de personas deben compartir el agua potable de la Tierra.

**1** de cada **9** personas no tiene acceso a agua potable.

**.25%** del agua potable está en lagos, ríos y aguas subterráneas.

# Glosario

**conservar:** cuidar algo para que no se pierda, se desperdicie o se eche a perder

**contaminar:** ensuciar o hacer impuro algo

**evaporación:** proceso mediante el cual un líquido se convierte en gas

**glaciares:** masas de hielo de los valles de las montañas o los polos que se desplazan lentamente

# Índice

# Sobre la autora

**Jenny Mason** vive en Colorado, cerca de muchos lagos y ríos. Le gusta mucho pescar, hacer muñecos de nieve, hacer surf de remo y nadar.

# Más información

Visita este sitio en inglés de Scholastic para obtener más información sobre cómo ahorrar agua:

## www.factsfornow.scholastic.com

Usa las palabras clave **Save Water**

---

Library of Congress Cataloging-in-Publication Data
A CIP catalog record for this book is available from the Library of Congress.

Originally published as *10 Things You Can Do to Save Water*

Produced by Spooky Cheetah Press
Design by Judith Christ-Lafond

© 2017 by Scholastic Inc.
Spanish translation © 2018 by Scholastic Inc.

ISBN 978-0-531-22858-6 (library binding) | ISBN 978-1-338-18779-3 (pbk.)

10 9 8 7 6 5 4 3 2 1     17 18 19 20 21

Printed in China     62
First Spanish printing 2017

Photographs ©: cover grass: Anan Kaewkhammul/Shutterstock, Inc.; cover agua: stockphoto-graf/Shutterstock, Inc.; cover right surgeonish: Kletr/Shutterstock, Inc.; cover boy: Hero Images Inc./Alamy Images; cover yellow butterflies: kurga/Thinkstock; cover fish bowl: tanuha2001/Shutterstock, Inc.; cover clown fish: bluehand/Shutterstock, Inc.; cover blue fish and red fish: mexrix/Shutterstock, Inc.; cover bottom yellow fish: serg_dibrova/Shutterstock, Inc.; cover left angelfish: serg_dibrova/Shutterstock, Inc.; cover splash: Kubais/Shutterstock, Inc.; cover red butterflies: Cezar Serbanescu/Getty Images; 2 top left: ptewort/Fotolia; 2 top right: Elaine Thompson/AP Images; 2 bottom: robert_s/Shutterstock, Inc.; 3 top: Kuttelvaserova Stuchelova/Shutterstock, Inc.; 3 center: graphego/Shutterstock, Inc.; 3 bottom: robert_s/Shutterstock, Inc.; 4-5 background: Roberto Machado Noa/Getty Images; 5 background: Roberto Machado Noa/Getty Images; 5 top: Juan Carlos Lino/Alamy Images; 5 center: DeeMPhotography/Shutterstock, Inc.; 5 bottom, 6-7: Stephanie Rausser/Getty Images; 7 inset: Kazakova Maryia/Shutterstock, Inc.; 8 left: buyit/Thinkstock; 8 center: SergiyN/Fotolia; 8 right: Ermolaev Alexander/Shutterstock, Inc.; 9 top: Viktor1/Shutterstock, Inc.; 9 bottom: Denis Burdin/Shutterstock, Inc.; 10 left: Svetamart/Dreamstime; 10 right: John Black/Dreamstime; 10-11 background: visivastudio/Shutterstock, Inc.; 10-11 bubbles: Andrey Zametalov/Dreamstime; 11 top: Filipe B. Varela/Shutterstock, Inc.; 11 bottom: Riverlim/Dreamstime; 12-13: Fuse/Thinkstock; 13 inset: fotofermer/Thinkstock; 14: Elaine Thompson/AP Images; 15: Kathleen Finlay/Media Bakery; 16-17 bottom: Lucian Coman/Shutterstock, Inc.; 17 top: sutichak/Fotolia; 18: Bill Coster/Alamy Images; 19: Stephen Bonk/Dreamstime; 19 inset: Chris Findon/Alamy Images; 20: Dmitrii Kiselev/Dreamstime; 21 top: Pirotehnik/Thinkstock; 22: Jordi Chias/Nature Picture Library; 23: Volt Collection/Shutterstock, Inc.; 24-25: Media Bakery; 25 girl: Sam74100/Dreamstime; 25 glass: zozzzzo/Thinkstock; 26-27 : Photo_Concepts/iStockphoto; 28-29 background: daboost/Thinkstock; 28-29 infographic: Brown Bird Design; 30 top: Stephanie Rausser/Getty Images; 30 center top: graphego/Shutterstock, Inc.; 30 center bottom: Denis Burdin/Shutterstock, Inc.; 30 bottom: Overcrew55/Dreamstime; 30 agua: robert_s/Shutterstock, Inc.; 31: robert_s/Shutterstock, Inc.; 32: robert_s/Shutterstock, Inc.

Map by Jim McMahon